Coleção

Eu gosto m@is

Arte

CB128328

Angela Anita Cantele

Bacharel em artes plásticas pela Faculdade de Belas-Artes de São Paulo. Licenciatura plena em desenho pela Faculdade de Belas-Artes de São Paulo. Decoração de interiores pela Escola Panamericana de Arte. Cursos de artesanato, dobradura, pintura em tela, aquarela, guache, entre outros. Professora do Ensino Fundamental e do Ensino Médio. Autora de livros didáticos e Arte-educadora.

Bruna Renata Cantele

Mestra em Educação, orientadora educacional, pedagoga e historiadora. Curso de desenho artístico e publicitário com o professor doutor Paulo da Silva Telles. Curso de história da arte em Florença e em Veneza, na Itália. Professora do Ensino Fundamental e do Ensino Médio. Assessora pedagógica e autora de livros didáticos e paradidáticos.

3º ano

Ensino Fundamental

IBEP

3ª edição

São Paulo

2015

Coleção Eu gosto m@is
Arte 3º ano

Diretor superintendente Jorge Yunes
Diretora editorial Célia de Assis
Gerente editorial Maria Rocha Rodrigues
Coordenadora editorial Simone Silva
Assessoria pedagógica Valdeci Loch
Analista de conteúdo Cristiane Guiné
Editor júnior Diego Ruiz
Assistente editorial Gabriele Cristine Barbosa dos Santos
Coordenadora de revisão Helô Beraldo
Revisão Beatriz Hrycylo, Cássio Dias Pelin, Fausto Alves Barreira Filho, Janaína Andreani
Secretaria editorial e Produção gráfica Fredson Sampaio
Assistentes de secretaria editorial Carla Marques, Karyna Sacristan, Mayara Silva
Assistentes de produção gráfica Ary Lopes, Elaine Nunes, Eliane Monteiro,
Coordenadora de arte Karina Monteiro
Assistentes de arte Aline Benitez, Gustavo Prado Ramos, Marilia Vilela, Thaynara Macário
Coordenadora de iconografia Neuza Faccin
Assistentes de iconografia Bruna Ishihara, Camila Marques, Victoria Lopes, Wilson de Castilho
Ilustração Bruna Ishihara, José Luis Juhas, Lie Kobayashi
Processos editoriais e tecnologia Elza Mizue Hata Fujihara
Projeto gráfico e capa Departamento de Arte - IBEP
Ilustração da capa Manifesto Game Studio
Diagramação N-Publicações

3ª edição – São Paulo – 2015

CIP-BRASIL. CATALOGAÇÃO NA PUBLICAÇÃO
SINDICATO NACIONAL DOS EDITORES DE LIVROS, RJ

C231a
3. ed.

Cantele, Angela Anita
Arte 3º ano / Angela Anita Cantele, Bruna Renata Cantele ; ilustrações Lie Kobayashi, Fabio Eiji Sirasuma, José Luis Juhas. - 3. ed. - São Paulo : IBEP, 2015.
il. ; 28 cm. (Eu gosto mais)

ISBN 9788534244275 (aluno) / 9788534244282 (mestre)

1. Educação artística (Ensino fundamental) - Estudo e ensino I. Cantele, Bruna Renata. II. Título. III. Série.

15-20872 CDD: 372.5
CDU: 373.3:7

11/03/2015 17/03/2015

IBEP
Av. Alexandre Mackenzie, 619 – Jaguaré
São Paulo – SP – 05322-000 – Brasil – Tel.: (11) 2799-7799
www.editoraibep.com.br editoras@ibep-nacional.com.br

ABDR
EDITORA AFILIADA

MENSAGEM AO ALUNO

O livro **Eu gosto m@is – Arte** traz momentos nos quais você poderá aplicar técnicas artísticas, como: pintar, desenhar, modelar, recortar e colar, dançar, dramatizar, cantar, fazer artesanato e muitas atividades nas quais você poderá explorar a sua criatividade.

Neste livro você vai conhecer tipos de trabalhos artísticos, alguns artistas e suas obras, fazer releituras e acrescentar arte à sua vida.

Você verá que toda vez que somos capazes de produzir algo com a arte, sentimo-nos realizados.

Um bom ano de estudos em **Eu gosto m@is – Arte**... e conte conosco.

As autoras

SUMÁRIO

LIÇÃO | PÁGINA

LIÇÃO PÁGINA

LIÇÃO 1 Observando a linha na arte

Quando deslizamos um lápis no papel, fazemos uma linha. Dependendo do movimento que fazemos, essa linha recebe um nome diferente.

As linhas podem ser retas, curvas, onduladas ou mistas.

Observe:

- Linha reta

- Linha curva

- Linha ondulada

- Linha mista

Existem também as linhas poligonais, que são formadas por segmentos de retas em diferentes posições.

- Linha poligonal

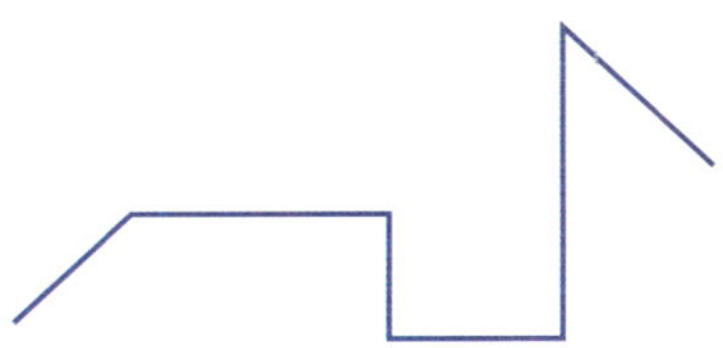

Na obra a seguir, feita pelo artista catalão Joan Miró (1893-1983), há vários tipos de linhas. Observe-a, procurando nela linhas retas, curvas, onduladas e mistas.

SOLOMON R. GUGGENHEIM MUSEUM, NOVA YORK

Pintura de Toledo (1917), de Joan Miró. Óleo sobre tela, 65 cm × 72,5 cm.

ATIVIDADE 1

Trabalhando a linha reta na arte

Na posição horizontal, a linha reta nos dá a ideia de descanso, paz, tranquilidade.

Na posição vertical, a linha reta lembra vida, ação, altura.

Na posição inclinada (para a esquerda ou para a direita), a linha reta expressa movimento, instabilidade.

Observe estas linhas e o exemplo:

- Linha horizontal
- Linha vertical
- Linhas inclinadas

Exemplo:

Utilize apenas linhas para colorir este desenho:

IGORIJ/SHUTTERSTOCK

ATIVIDADE 2

Trabalhando a linha curva na arte

ACERVO DAS AUTORAS

Em arte, a linha curva pode ser ondulada ou sinuosa, imitando o movimento das ondas, como no desenho ao lado. A linha curva pode exprimir alegria, animação, tristeza, medo. Um sorriso, por exemplo, pode ser expresso por uma linha curva com as extremidades para cima.

Faça um desenho usando apenas linhas curvas:

As cores primárias

As cores primárias são: vermelho , amarelo e azul . Alguns artistas usam predominantemente cores primárias em suas obras.

Veja como o artista Aldemir Martins usou as cores primárias para pintar.

Aldemir Martins (1922-2006)

O artista plástico Aldemir Martins nasceu em Aurora, no Ceará. Seu talento para arte despontou desde muito cedo, dedicando-se, inicialmente, ao desenho. A natureza e a gente do Brasil são os temas mais frequentes em sua obra, que abrange desenhos, gravuras e quadros. A brasilidade é destacada com elementos como cangaceiros, galos, peixes, gatos, frutas e paisagens específicas e no estilo que emprega traços fortes e cores vibrantes. Com reconhecimento internacional, seus desenhos e pinturas se popularizaram, sendo reproduzidos em peças industriais, como pratos, bandejas, xícaras e embalagens.

COLEÇÃO PARTICULAR

A fruteira (1998), de Aldemir Martins. Acrílico sobre tela, 46 cm × 54,5 cm.

ATIVIDADE 3

Desenhando e pintando com as cores primárias

COLEÇÃO PARTICULAR, SÃO PAULO

Desenho feito e pintado por Guilherme Cantele Leonardi, 8 anos.

ATIVIDADE 4

Recortando e colando com as cores primárias

ACERVO DAS AUTORAS

Espaço para colagem – Fundo do mar

ATIVIDADE 5

Expressão facial

BRUNA ISHIHARA

ATIVIDADE 6

Origami – Cachorro

Cabeça:

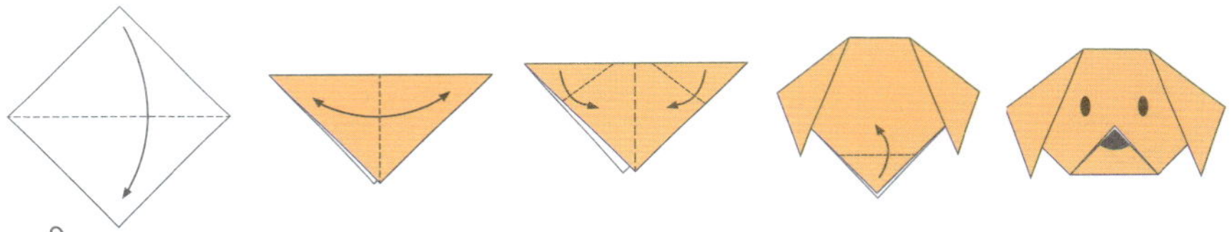

Corpo:

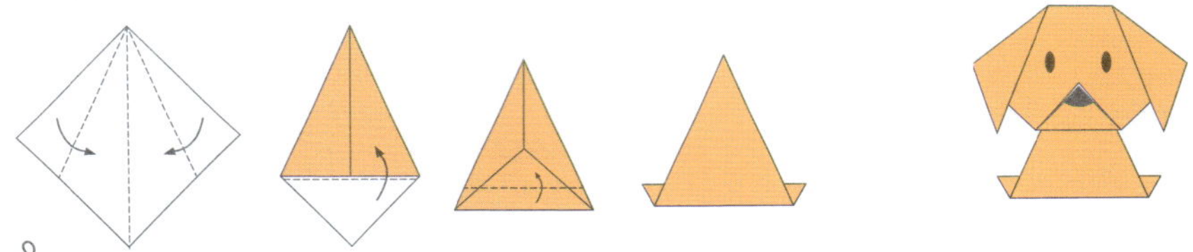

ATIVIDADE 6

Espaço para desenho e colagem do origami

ATIVIDADE 7

É tempo de Páscoa!

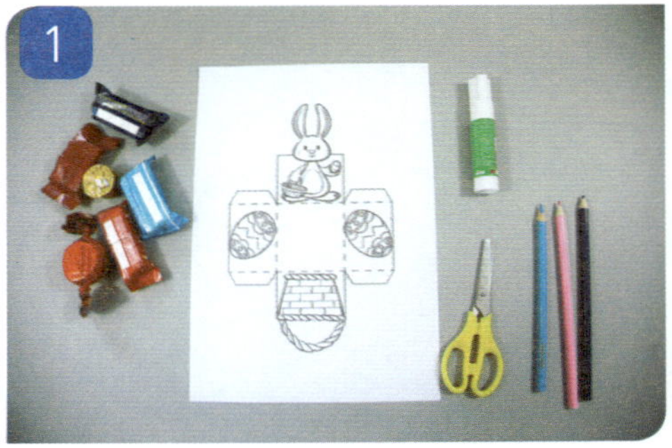

HNFOTOS

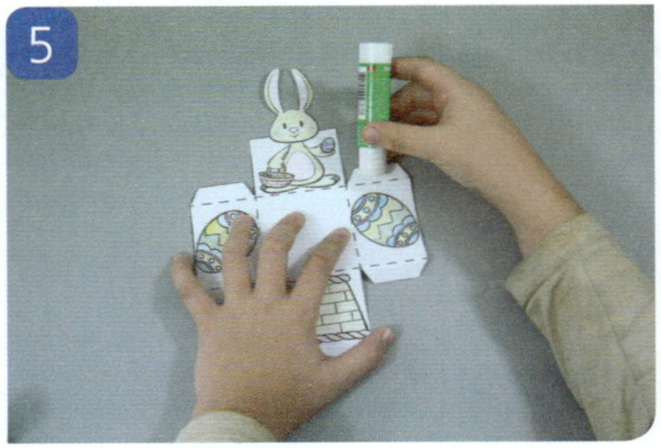

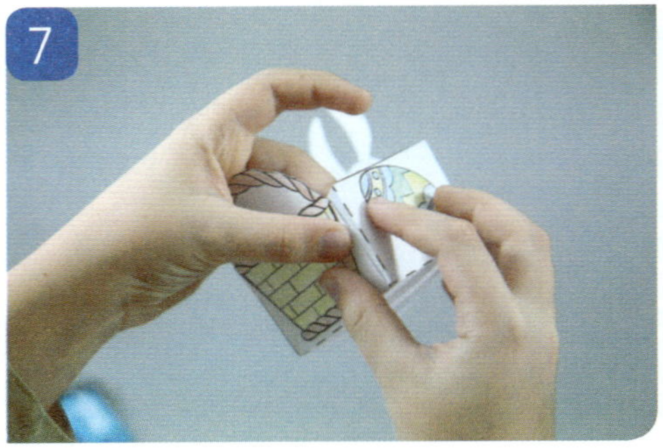

ATIVIDADE 8

Figuras simétricas - Recorte e colagem

A

B

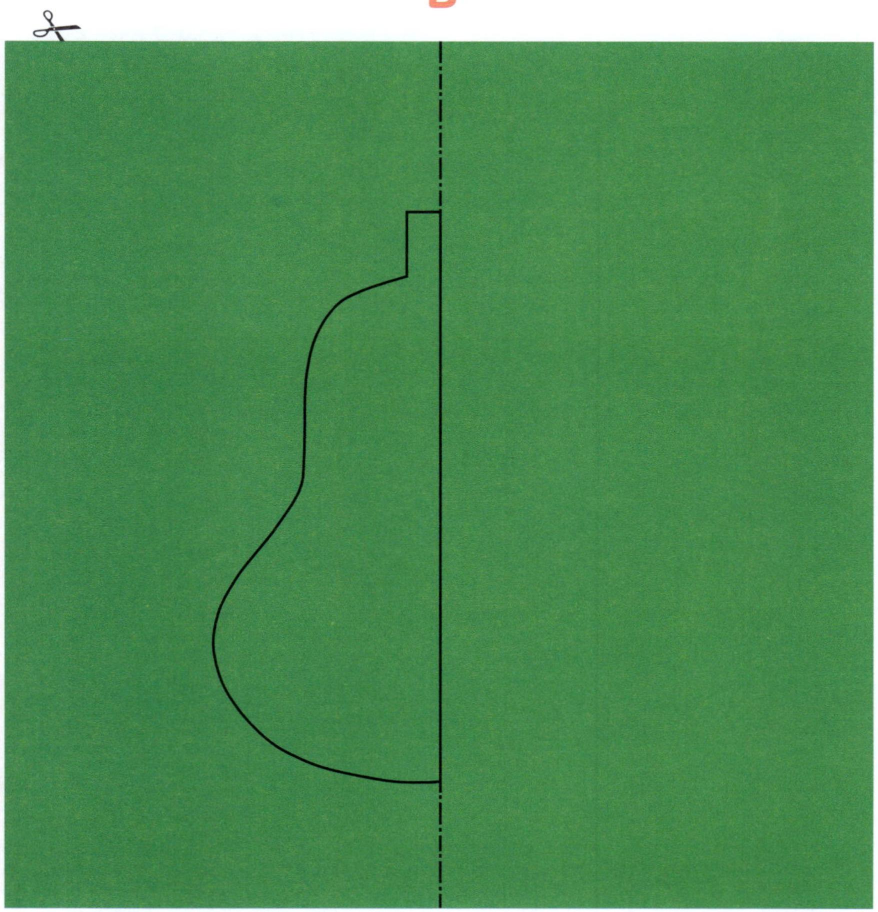

Espaço para colagem das figuras simétricas

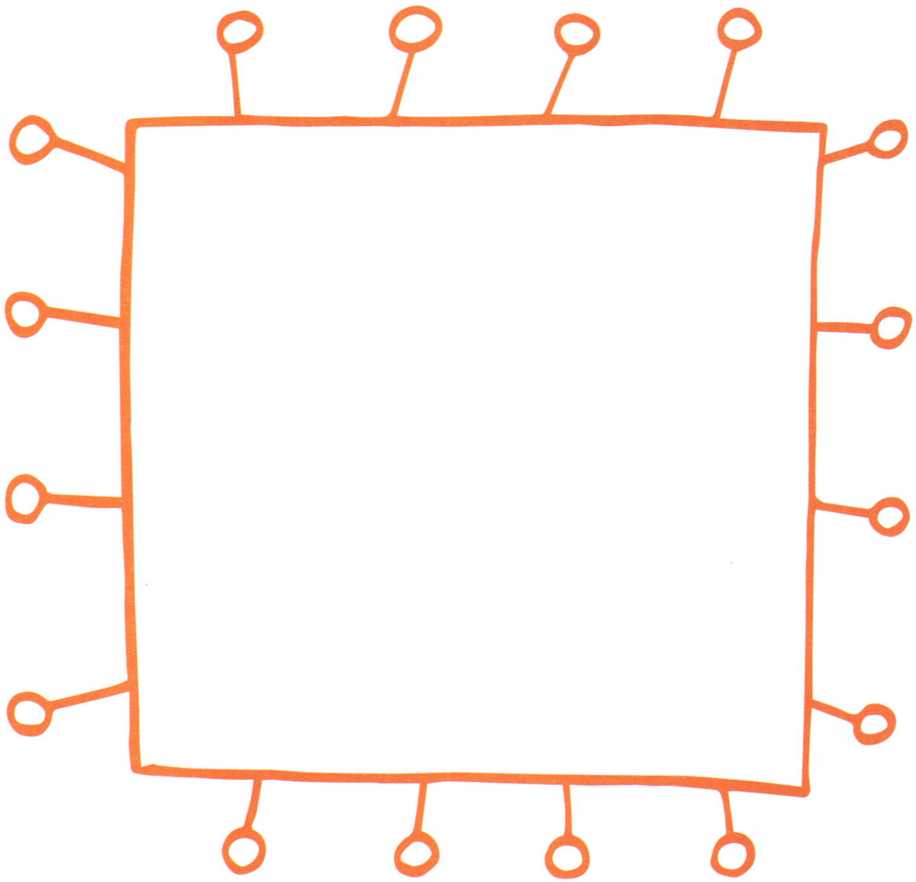

A

B

ATIVIDADE 9

Noções de lateralidade

ATIVIDADE 10

Ambientação – Relação espacial

KATERYNA PRUCHKOVSKA

LIÇÃO 2

As cores secundárias

As cores secundárias são obtidas da mistura de duas cores primárias.
As cores secundárias são o verde, o roxo e o laranja. Observe as misturas a seguir.

Alguns artistas usam as cores secundárias para pintar suas obras. Observe, na reprodução ao lado, como Henri Matisse usou as cores secundárias.

Henri Matisse (1869-1954)

Henri-Émile-Benoît Matisse nasceu em Le Cateau, na França. Com 22 anos, mudou-se para Paris para estudar pintura. Tornou-se um pintor de grande influência no século XX e destacou-se também como escultor e ilustrador. Sua obra, teve inspiração na arte muçulmana, nas gravuras japonesas e na obra de Cézanne (1839-1906), evidenciando cores fortes, movimento e linhas expressivas, elementos florais decorativos e traços de arabesco.

MUSEU DE ARTE MODERNA, ESTOCOLMO, SUÉCIA

Paisagem marroquina (Acanthus) (1911-1913), de Henri Matisse. Óleo sobre tela, 55 cm × 77,5 cm.

ATIVIDADE 1

Pintando com as cores secundárias

ATIVIDADE 2

Recortando e colando com as cores secundárias

ATIVIDADE 2

Espaço para colagem – Cores secundárias

ATIVIDADE 3

Dia das Mães – Confeccionando uma cesta

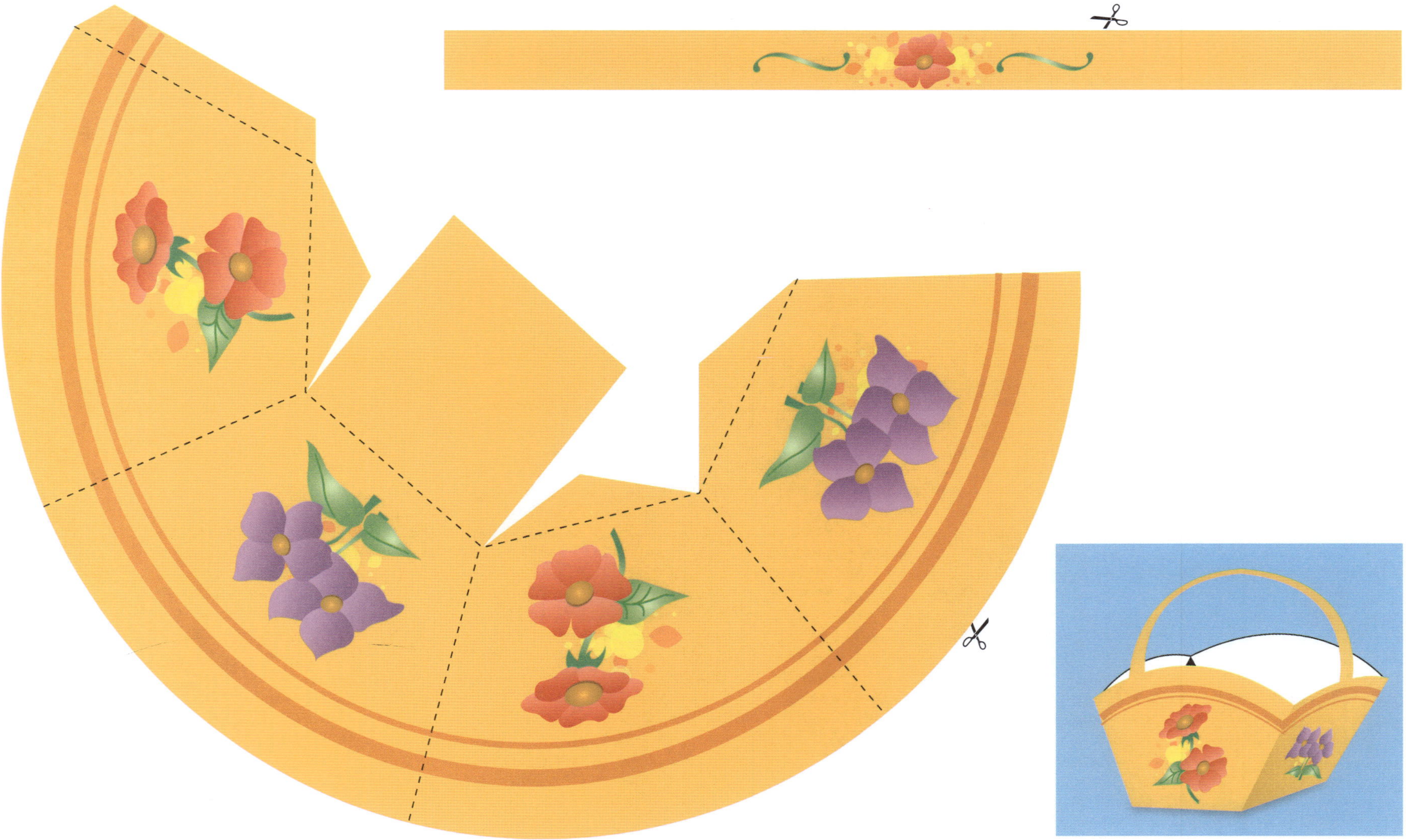

ATIVIDADE 4

Seriação

LIÇÃO 3 Conhecendo a técnica do mosaico

O mosaico é uma das primeiras artes decorativas da humanidade de que se tem notícia. Sua origem remonta à Mesopotâmia e ao Egito antigo.

Também foi utilizado como ornamento na arquitetura na Grécia e na Roma antigas.

O mosaico pode ser feito com diversos materiais, como pedras, papéis, sementes etc., de diversas cores. A técnica consiste em cortar pequenos pedaços do material e uni-los harmoniosamente, formando um desenho.

IGREJA DE SÃO VITAL, RAVENNA

Mosaico bizantino do séc. VI representando a imperatriz Teodora. Repare como ela está coberta de joias. Em volta de sua cabeça, os mesmos halos que os pintores utilizavam para representar os santos. Uma mostra de que em Constantinopla, capital do império bizantino, havia uma estreita ligação entre poder e religião.

NEIL HARRISON

Folla (2009). Mosaico de Luca Barberini, 120 cm × 250 cm.

ATIVIDADE 1

Pintando para imitar um mosaico

EDITORIA DE ARTE

ATIVIDADE 2

Trabalhando mosaico com papel rasgado

EDITORIA DE ARTE

LIÇÃO 4 Conhecendo Claude Monet

Claude Oscar Monet (1840-1926)

Pintor francês, considerado por alguns críticos como um dos mais importantes de todos os tempos. Fascinado com a transformação da luz e da atmosfera sobre os objetos, dizia: "Certa paisagem não é a mesma de manhã cedo como à tarde, no outono como na primavera". Procurava retratar essa sensação usando pinceladas mais soltas.

No fim da vida, desenvolveu catarata nos olhos e quase ficou cego, mas, operado e usando óculos, não deixou de pintar – pelo contrário: aproveitou sua nova condição para renovar seu olhar na execução de sua arte.

FUNDAÇÃO MONET, FRANÇA

Regata em Argenteuil (1872), de Claude Monet, Óleo sobre tela, 48 cm × 75 cm.

NATIONAL GALLERY OF ART, WASHINGTON DC

Senhora com parassol (1875), de Claude Monet. Óleo sobre tela, 119 cm × 100 cm.

ATIVIDADE 1

Pintando uma obra de Claude Monet

EDITORIA DE ARTE

ATIVIDADE 2

Releitura

A releitura em arte consiste em criar uma obra de arte tomando por base outra já existente. Embora se use o mesmo tema de uma obra original, não se trata de uma cópia, pois se realiza uma nova obra reproduzindo a original de forma diferente.

Um exemplo é a releitura feita por Romero Britto, baseada na obra *Abaporu*, de Tarsila do Amaral (1886-1973).

MUSEU DE ARTE LATINO-AMERICANA DE BUENOS AIRES, ARGENTINA

Abaporu (1928), de Tarsila do Amaral. Óleo sobre tela, 147 cm × 127 cm.

GALERIA ROMERO BRITTO, SÃO PAULO

Releitura da obra *Abaporu*, feita em 2006 por Romero Britto. Óleo sobre tela, 41 cm × 41 cm.

ATIVIDADE 2

Releitura – Claude Monet

ATIVIDADE 3

Desenho com tema dirigido

ATIVIDADE 4

Dia dos Pais – Aviso de porta

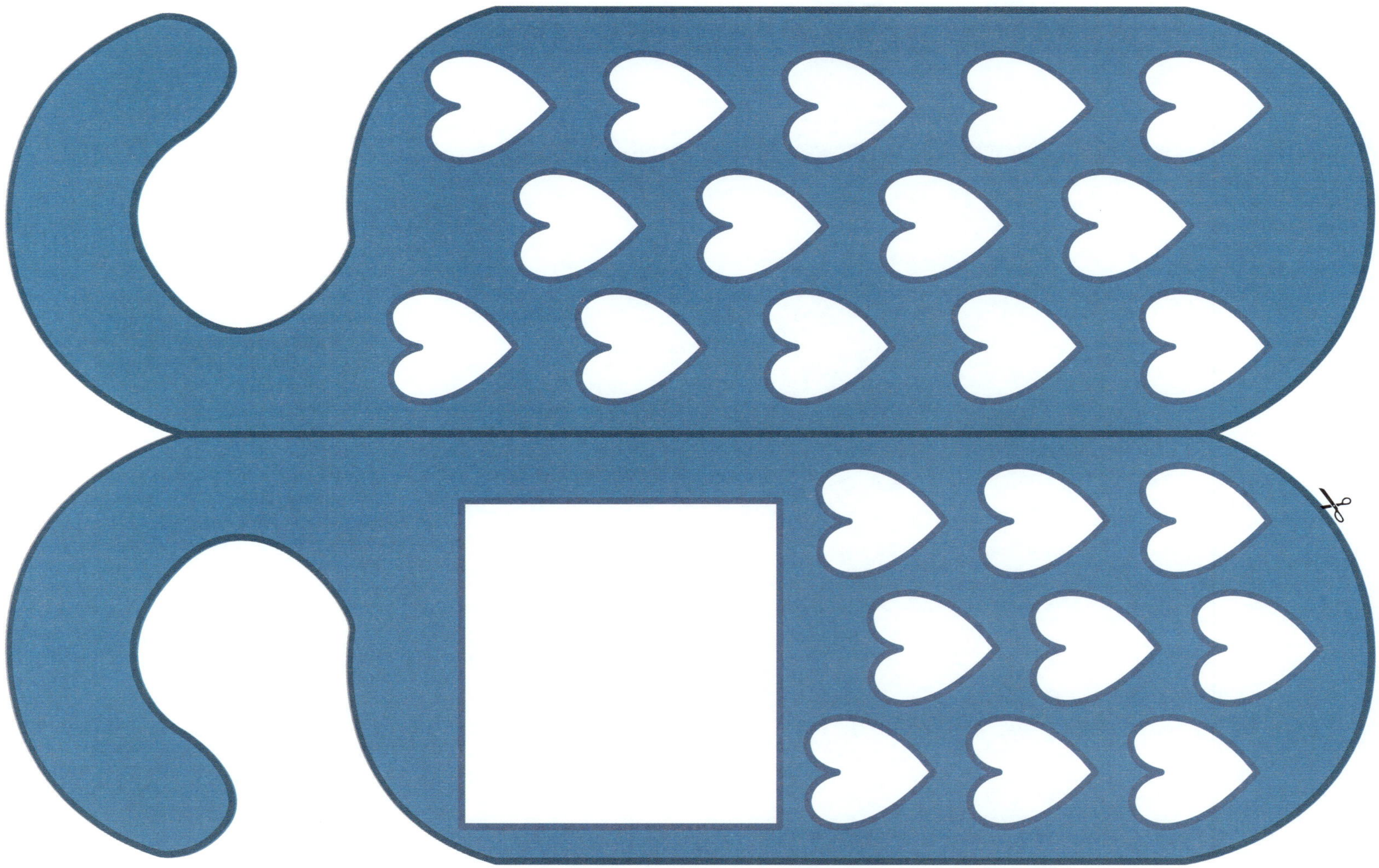

ATIVIDADE 5

Preenchendo os desenhos com diferentes tipos de linha

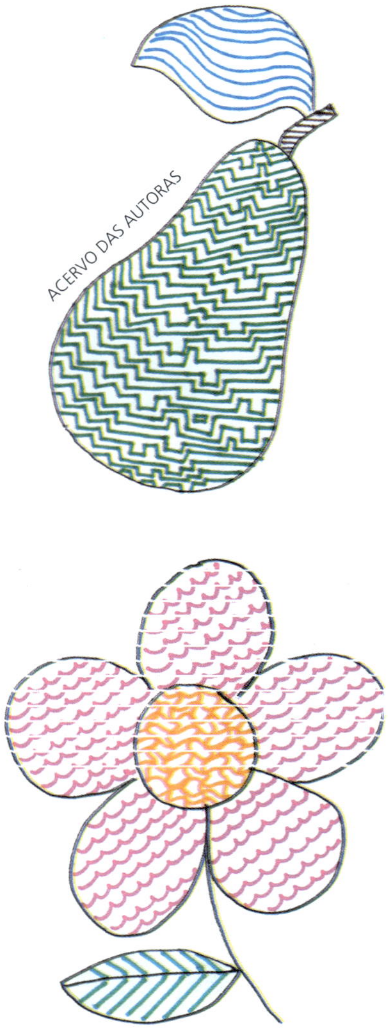

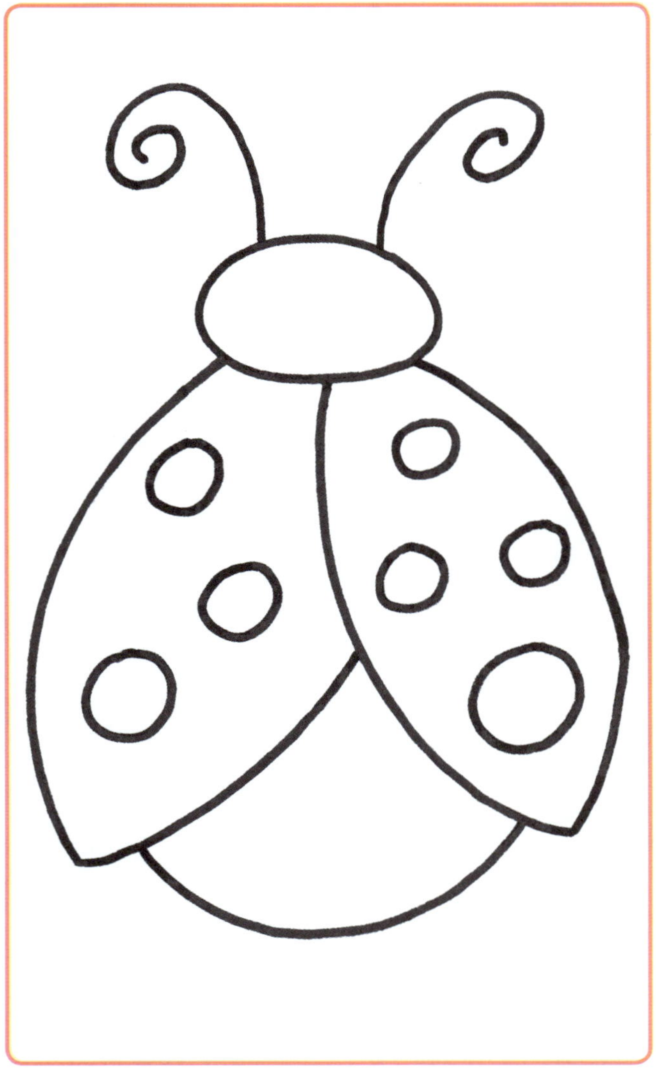

EDITORIA DE ARTE

ATIVIDADE 6

Móbile

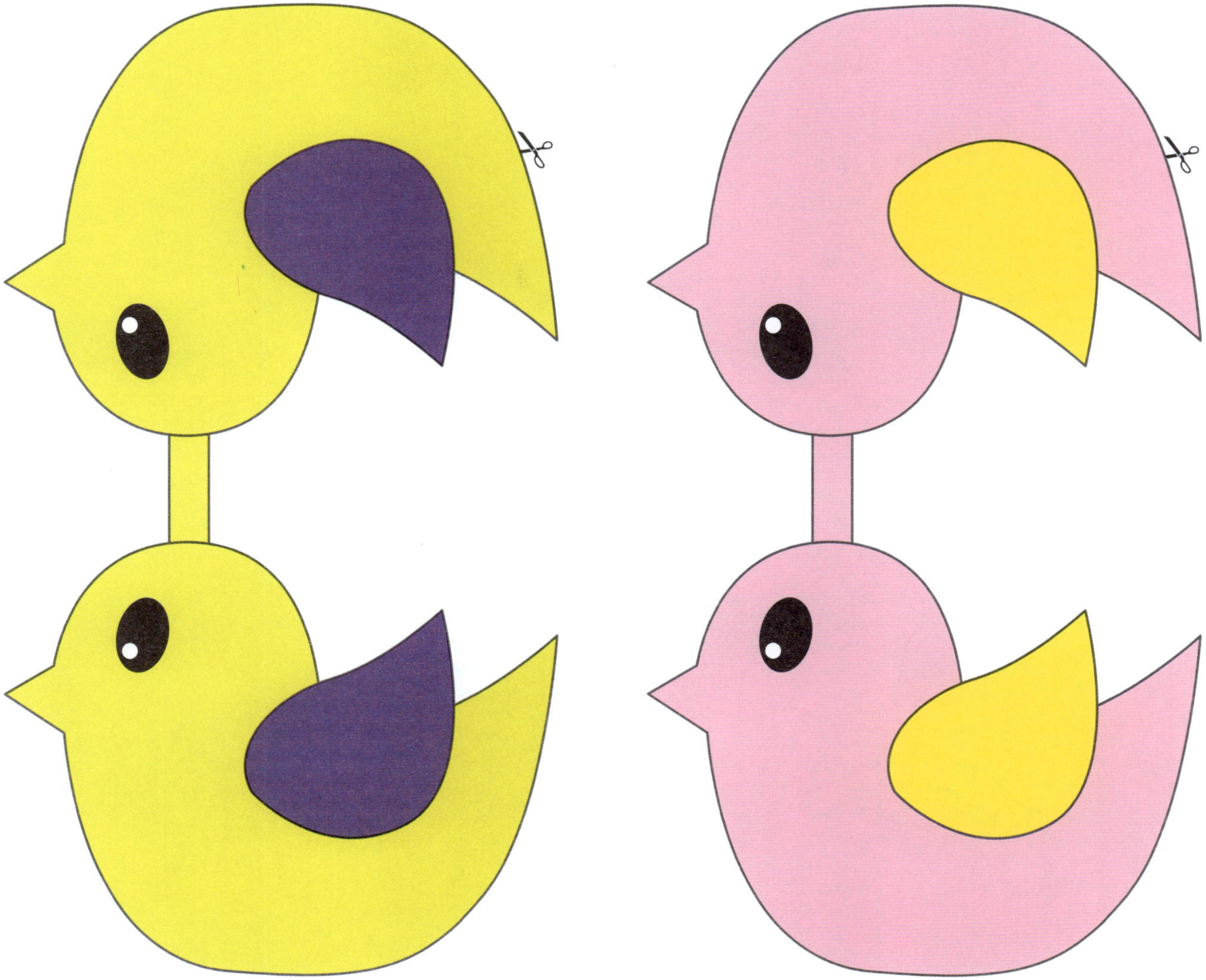

ATIVIDADE 6

Móbile

LIÇÃO 5

As formas geométricas

Estas são algumas formas geométricas. Escreva o nome de cada uma delas nas linhas abaixo.

____

____

____

____

ATIVIDADE 1

Trabalhando com formas geométricas – Quadrado, círculo, triângulo e retângulo

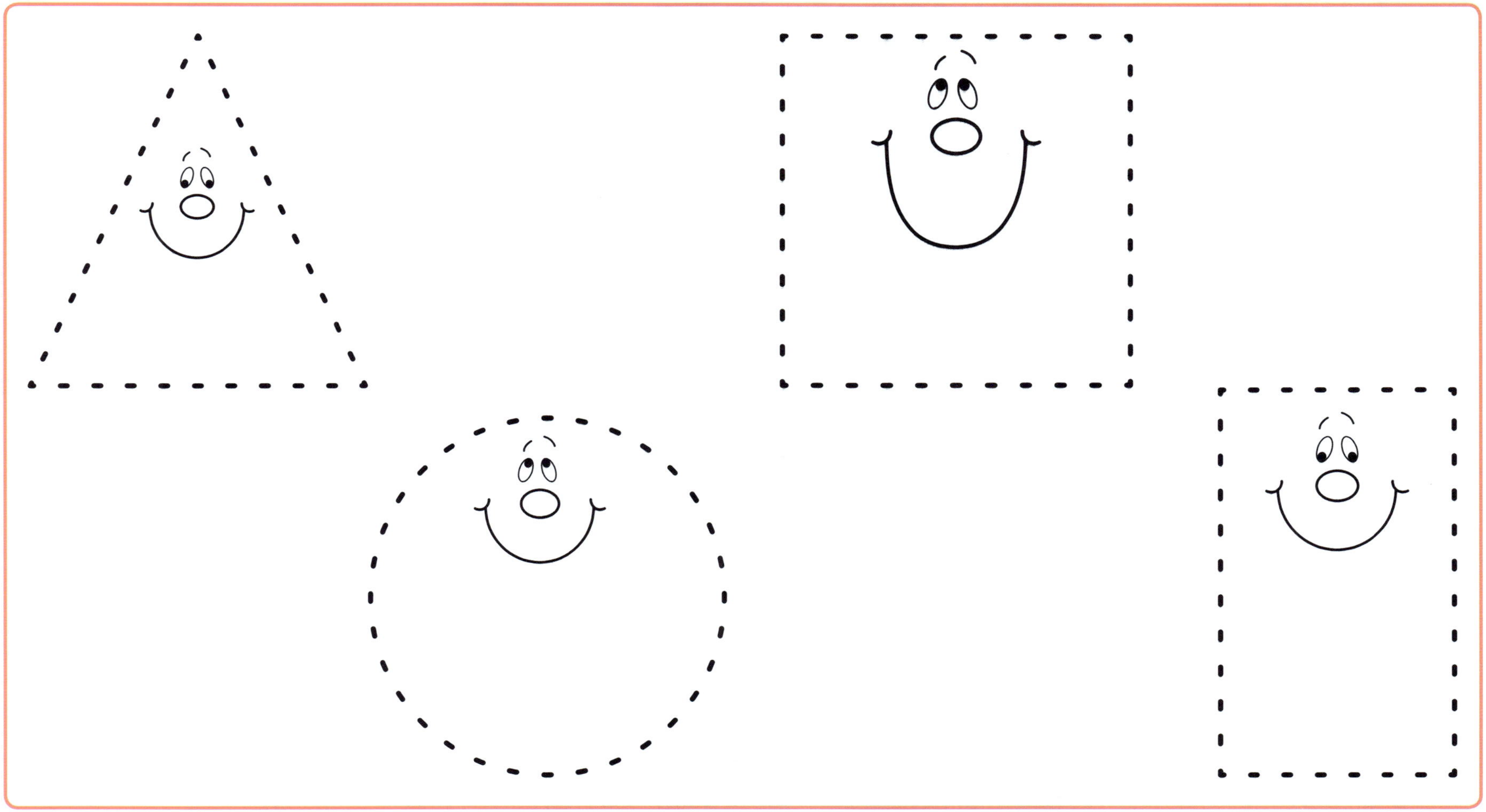

JOSÉ LUÍS JUHAS

ATIVIDADE 2

Trabalhando com formas geométricas

ATIVIDADE 3

Trabalhando com formas geométricas – Recorte e colagem

ATIVIDADE 3

Espaço para colagem das formas geométricas

ATIVIDADE 4

Círculo cromático – Pintando e identificando as cores

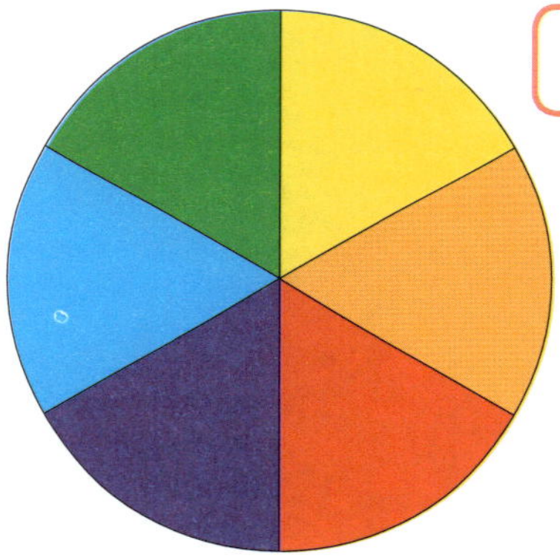

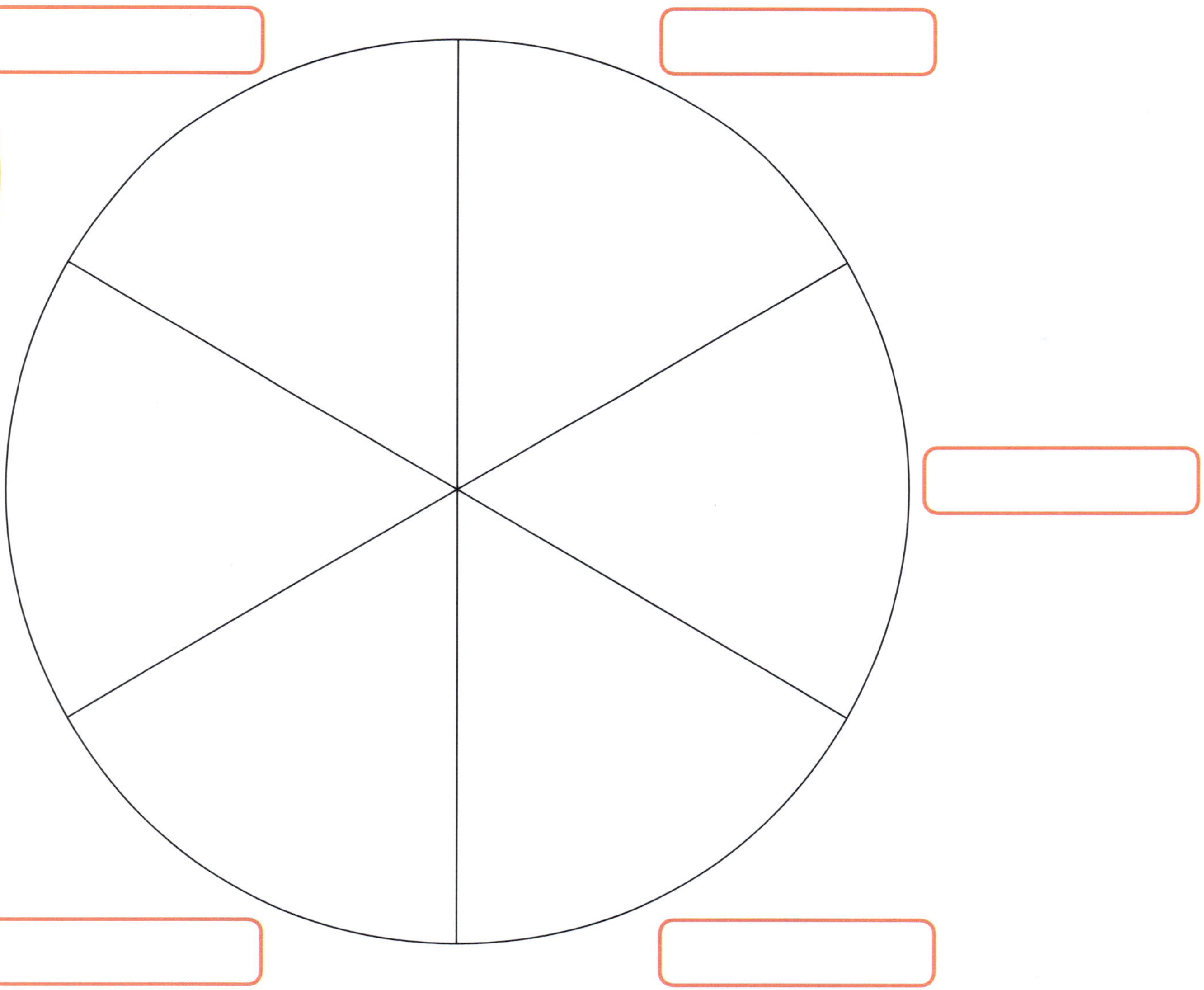

ATIVIDADE 5

Colorindo com as cores primárias e secundárias

Cores primárias

Cores secundárias

As cores alegram a nossa vida! De qual borboleta você gostou mais? Por quê?

ATIVIDADE 6

Constância perceptiva das formas

Os adesivos para esta atividade encontram-se na página 68.

LIE A. KOBAYASHI

ATIVIDADE 6

CONTINUAÇÃO

Constância perceptiva das formas

Os adesivos para esta atividade encontram-se na página 68.

LIE A. KOBAYASHI

ATIVIDADE 7

Criatividade!

ATIVIDADE 8

É tempo de alegria: primavera – Recorte e montagem

HNFOTOS

Trabalhando com material reciclável

Os adesivos para esta atividade encontram-se na página 68.

ILUSTRAÇÕES: LIE A. KOBAYASHI

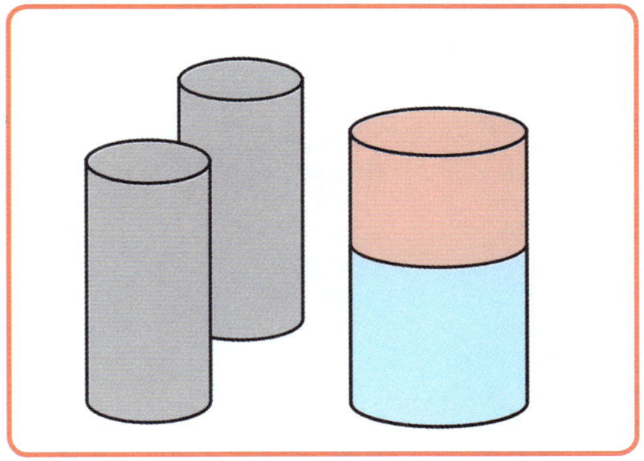

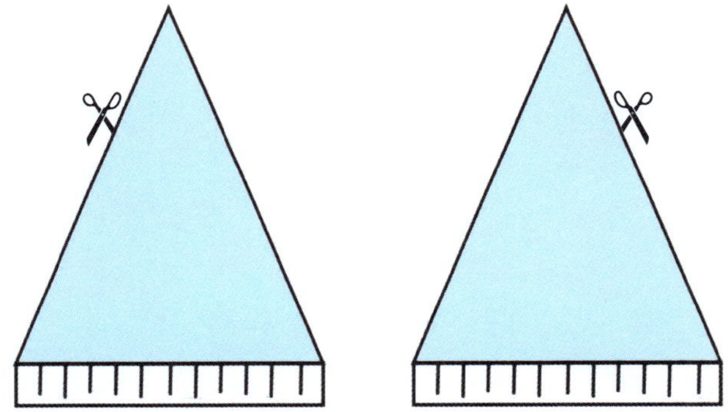

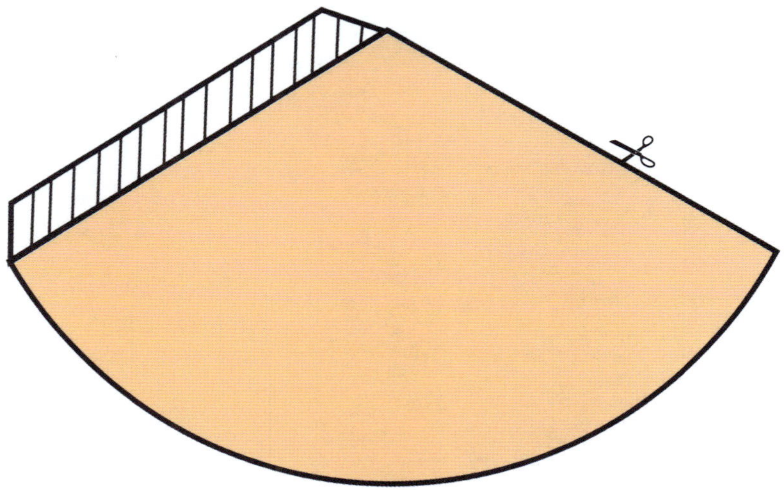

ATIVIDADE 10

Trabalhando com tinta guache

ATIVIDADE 11

Trabalhando com materiais diversos

HNFOTOS

ATIVIDADE 12

Desenhando paisagens

LIÇÃO 6

Expressão musical

Cante e acompanhe o ritmo da música.

A baratinha

A barata diz que tem sete saias de filó
É mentira da barata, ela tem é uma só
Ah ra ra, ió ró ró, ela tem é uma só!

A barata diz que tem um sapato de veludo
É mentira da barata, o pé dela é peludo
Ah ra ra, iu ru ru, o pé dela é peludo!

A barata diz que tem uma cama de marfim
É mentira da barata, ela tem é de capim
Ah ra ra, rim rim rim, ela tem é de capim!

A barata diz que tem um anel de formatura
É mentira da barata, ela tem é casca dura
Ah ra ra , iu ru ru, ela tem é casca dura!

A barata diz que tem o cabelo cacheado
É mentira da barata, ela tem coco raspado
Ah ra ra, ió ró ró, ela tem coco raspado!

Domínio público

JOSÉ LUIS JUHAS

ATIVIDADE 1

Cantando e acompanhando a música

Cante e acompanhe o ritmo da música.

Sapo Cururu

Sapo Cururu na beira do rio
Quando o sapo grita, ó Maninha, diz que está com frio
A mulher do sapo, é quem está lá dentro
Fazendo rendinha, ó Maninha, pro seu casamento

Domínio público

JOSÉ LUIS JUHAS

Pirulito que bate bate

Pirulito que bate bate
Pirulito que já bateu
Quem gosta de mim é ela
Quem gosta dela sou eu
Pirulito que bate bate
Pirulito que já bateu
A menina que eu gostava
Não gostava como eu

Domínio público

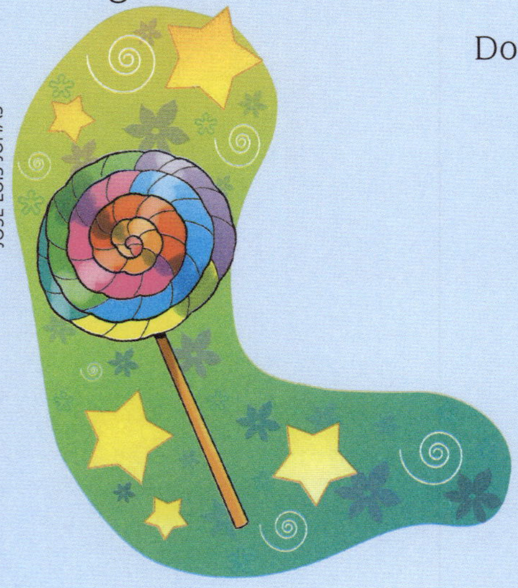

JOSÉ LUIS JUHAS

ATIVIDADE 2

Música e movimento

JOSÉ LUIS JUHAS

ATIVIDADE 3

Vamos pintar os instrumentos musicais?

EDITORIA DE ARTE

ATIVIDADE 4

Instrumentos musicais - Recorte e colagem

LIÇÃO 7 Chegou o Natal!

No início do cristianismo, o Natal era uma festividade sem data fixa, celebrada em dias diversos em várias partes do mundo. No século IV d.C., o Papa Júlio I mudou para sempre a história do Natal, escolhendo o dia 25 de dezembro para a celebração da festividade cristã.

Essa data teria sido escolhida porque nessa época do ano eram celebradas as festas pagãs, que eram vistas com aversão pela Igreja Católica. Hoje, as tradições de Natal diferem de acordo com os costumes de cada lugar.

Há várias versões sobre a origem do hábito de decorar árvores de Natal. Uma delas é a chamada "Árvore do Paraíso", que seria o símbolo de uma festa para celebrar Adão e Eva. Essa festa acontecia no dia 24 de dezembro e era muito anterior à tradição cristã do Natal. Atualmente, os pinheirinhos de Natal estão por toda parte.

Em alguns países, faz parte das tradições natalinas decorar um pinheirinho com maçãs, doces e biscoitos recheados de massa branca. Na Suécia, as árvores são decoradas com enfeites de madeira, pintados com cores vivas, e bonecos de palha com formas de animais e crianças. Na Dinamarca, móbiles de sinos, estrelas, flocos de neve e corações são pendurados nas árvores de Natal. Na Polônia, as árvores de Natal costumam ser enfeitadas com anjos, pavões e outros pássaros e também com muitas e muitas estrelas.

LIE A. KOBAYASHI

ATIVIDADE 1

Cartão de Natal – Recorte, colagem e montagem

HNFOTOS

Cartão de Natal - Recorte, colagem e montagem

ATIVIDADE 2

Anjo - Montando uma peça decorativa natalina

Os adesivos para esta atividade encontram-se na página 68.

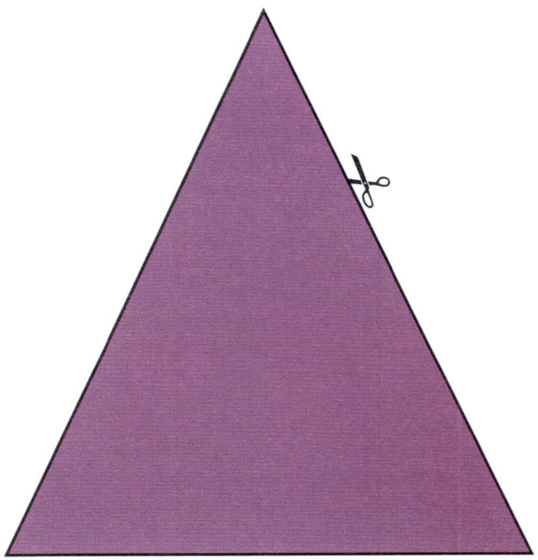

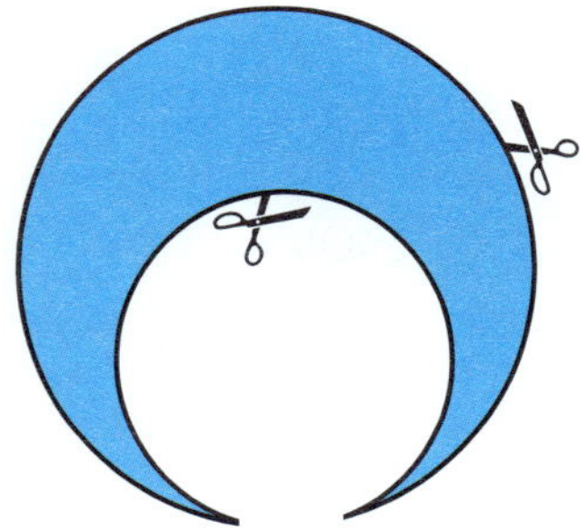

ATIVIDADE 7

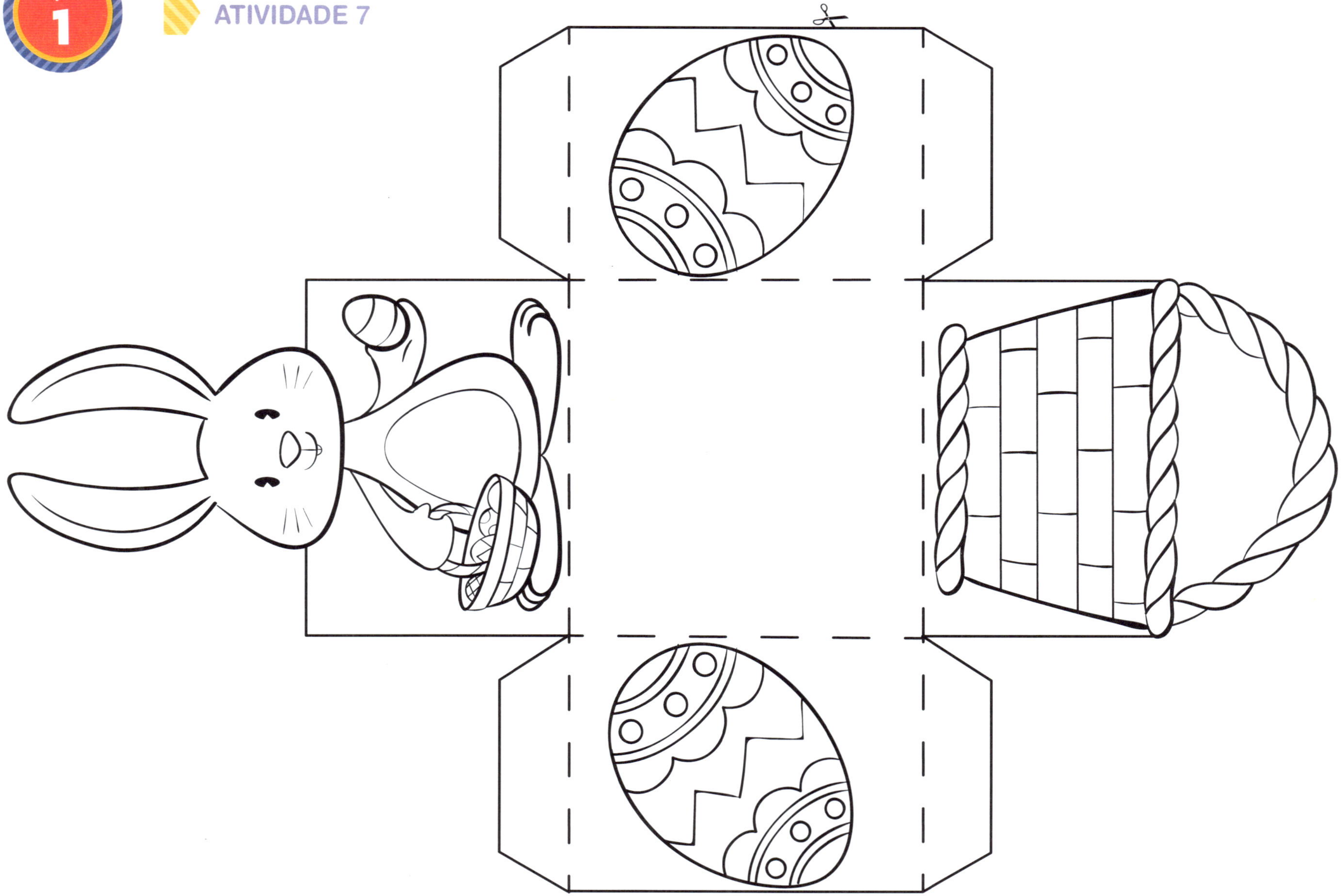

ATIVIDADE 8

ATIVIDADE 11

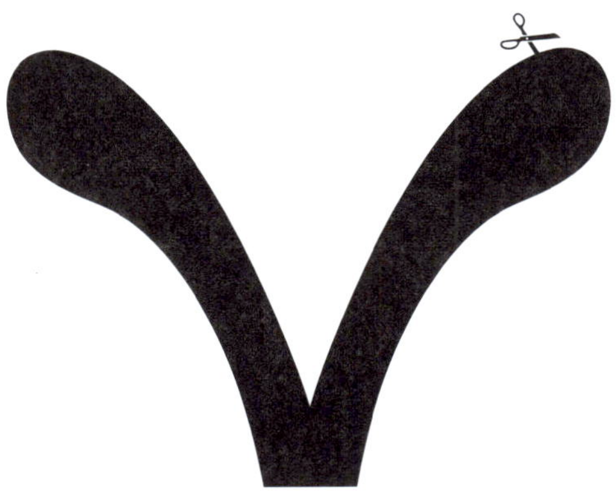

ATIVIDADE 1

LIÇÃO 5

ATIVIDADE 6

LIÇÃO 5

ATIVIDADE 9

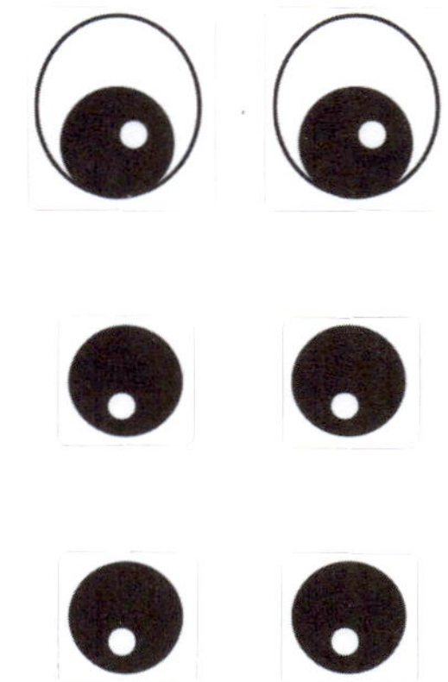

LIÇÃO 7

ATIVIDADE 2